EL CID

história, genealogia, lendas, curiosidades

Décio Martins de Medeiros

São Paulo – Brasil – 2021

Informações bibliográficas:
Autor: Décio Martins de Medeiros.
Título: EL CID
Subtítulo: história, genealogia, lendas, curiosidades
Local, Ano: São Paulo-Brasil, 2021.
Páginas: 71 páginas tamanho 6”x9”.
Assuntos: 1.Espanha

Sumário

História, genealogia, lendas e curiosidades

Gosto de história, genealogia, lendas e curiosidades. Ao descobrir que era 26º neto de El Cid, resolvi pesquisar e coletar informações sobre este personagem espanhol histórico e lendário.

Rodrigo Diaz, de Vivar, o El Cid Campeador, nasceu em 1049,Vivar,Burgos,Espanha e faleceu a 10 de julho de 1099,Valência,Espanha.

A biografia e a genealogia de Rodrigo Diaz, de Vivar, o El Cid, apresentam dificuldades especiais para o historiador porque Rodrigo Diaz foi elevado rapidamente ao status de herói nacional de Castela e com muita lenda ao seu redor.

Para informação autêntica os historiadores tem que se basear principalmente em uns poucos documentos contemporâneos, na Historia Roderici, uma confiável crônica latina do século 12 sobre a vida de El Cid, e pelo testemunho detalhado da conquista de Valência relatado pelo historiador árabe Ibn 'Alqamah.

A bibliografia a respeito de El Cid é vasta, recomendo especialmente o livro de Gonzalo Martínez Diez, intitulado El Cid histórico.

Além do El Cid histórico, existe a lenda, que foi ampliada por influencia de uma canção épica composta por volta de 1200 em Castela, chamada “El cantar de mío Cid” (um manuscrito do século XIV feito por Per Abbat encontra-se na Biblioteca Nacional da Espanha) e mais tarde pela peça de Pierre Corneille “Le Cid” , executada a primeira vez em 1637.

A lenda épica conta que Rodrigo Diaz teria se casado a primeira vez com Jimena Gomez, filha do conde Gomez de Gormaz. O frei beneditino Prudencio de Sandoval, depois de examinar obitos antigos, se mostrou disposto a admitir que Rodrigo Diaz se casou em primeiras nupcias com esta Jimena Gomez e depois com Jimena Diaz. Na literatura, Cristina e Maria, as filhas de Rodrigo, são chamadas de Elvira e Sol.

Em 1961 houve a película El Cid produzida por Samuel Bronston e estrelada por Charlton Heston and Sophia Loren. Em 2020 foi lançada uma série de TV sobre El Cid.

Momento Histórico antes de 1049

Desde 1029 Fernando Sanchez era conde de Castela. Em 04 de setembro de 1037, o rei de Leon Vermudo III morre na batalha do vale de Tamaron. O conde Fernando era esposo de dona Sancha, irmã do ultimo rei de Leon Vermudo III. Em 22 de junho de 1038 o conde Fernando Sanchez é coroado como rei de Leon.

No reajuste territorial que se seguiu a esta coroação uma grande parte do condado de Castela foi entregue ao governo de seu irmão, o rei Garcia Sanchez, que desde a capital de Nájera, reinava em Pamplona, Nájera ou toda La Rioja. O rei Fernando I reinava no reino de Leon e em Burgos.

1049 - Nascimento de Rodrigo Diaz, de Vivar

Espanha, Burgos, Vivar, em 1049 nasce Rodrigo Diaz, filho de Diego Laínez e Teresa Rodriguez, neto paterno de Laín Núñez, neto materno de Rodrigo Alvarez e Teresa Laínez.

Rodrigo Díaz passou a ser chamado de Rodrigo Diaz de Vivar, para diferenciar do homônimo Rodrigo Diaz, irmão de Jimena Diaz.

1054 – Diogo Lainez, pai de El Cid

Em 01 de setembro de 1054 se enfrentam na fronteira de ambos os reinos, nos campos de Atapuerca, os dois reis irmãos, resultando na morte de Garcia, e com a vitoria de Fernando a conseqüente revisão da fronteira.

Correspondeu a Diego Laínez (pai de Rodrigo Diaz, de Vivar) atuar como capitão de fronteira no setor norte de Burgos com o avanço e ocupação das fortalezas de Ubierna, Urbel e La Piedra, reintegrando-as a Castela.

1058 – Morte de Diego Lainez, pai de El Cid.

Cerca de 1058 morre Diego Lainez, e então Rodrigo Diaz de Vivar passa a criar-se no Palacio com os filhos do rei Fernando I.

Rodrigo desenvolve uma boa amizade com o príncipe Sancho, filho do monarca.

1064 – Batalha de Graus

Em 8 de março de 1064 ocorre a Batalha de Graus onde o jovem Rodrigo Diaz, de Vivar, acompanha o futuro rei Sancho, de Castela, que vence o rei de Aragão, Ramiro I.

Em 24 de julho de 1064 o rei Fernando I conquista Coimbra, em terras portuguesas.

1065 – Morte do rei Fernando I

Em 27 de dezembro de 1065 o rei Fernando I morre em Leon. O reino de Leon foi então dividido entre seus filhos, por vontade do rei Fernando I expressa em finais de 1063. Os filhos por ordem de nascimento eram: Urraca, Sancho, Elvira, Alfonso e Garcia.

A Sancho coube as antigas terras do condado de Castela.

A Alfonso coube as terras leonesas incluindo o condado de Carrion e as terras asturianas. A Garcia coube Galicia e Portugal.

1066 – Armado Cavaleiro

Em 1066 Rodrigo Diaz, de Vivar, é armado cavaleiro pelo rei Sancho.

1067 – El Cid Campeador

Em agosto de 1067 ocorre a guerra dos três Sanchos (Sancho de Castela contra Sancho de Navarra e o primo Sancho de Aragão). Por volta deste período Rodrigo Diaz, de Vivar, ainda adolescente, vence seu primeiro duelo com um cavaleiro Navarro de nome Jimeno Garcés, e passa a ser chamado de "Campeador".

Em 07 de novembro de 1067 morre a rainha dona Sancha, esposa de Fernando I e mãe dos três reis (Sancho, Alfonso e Garcia). Até esta data havia paz entre os três irmãos.

1068 - Batalha de Llantada

Em 16 de julho de 1068, às margens do Pisuerga, ocorre a batalha de Llantada, onde o rei Sancho II de Castela venceu seu irmão o rei Alfonso VI de Leão. Nesta ocasião Rodrigo

Diaz, de Vivar, era o portador da bandeira regia do rei Sancho, por ser considerado, na corte do rei Sancho, como um fortíssimo guerreiro e "Campi doctus" (isto é, que se distinguiu na luta).

1072 - Batalha de Golpejera

Em 13 de janeiro de 1072 ocorre a batalha de Golpejera, onde o rei Sancho vence e aprisiona seu irmão o rei Alfonso. Também nesta ocasião Rodrigo Diaz, de Vivar, era o portador da bandeira regia do rei Sancho.

Por volta de setembro de 1072 a autoridade de Sancho II era desafiada pela cidade de Zamora, que estava sob o comando de sua irmã Urraca.

Em 07 de outubro de 1072 um cavaleiro da cidade de Zamora, chamado Bellido Dolfos, surpreendeu e matou o rei Sancho II.

Em novembro de 1072, Alfonso é reconhecido como rei em Leon, Castela e Galicia.

Em 8 de dezembro de 1072 o rei Alfonso VI estava em Castela e entre os magnatas que faziam parte de sua comitiva estava Rodrigo Diaz, de Vivar. O acolhimento de Rodrigo Diaz, de Vivar na corte do rei Alfonso VI como seu vassalo, era politicamente uma forma de eliminar a oposição por parte dos antigos vassalos e amigos do rei Sancho morto em Zamora, além de poder contar com o prestígio militar de Rodrigo.

1074 - Casamento de Rodrigo e Jimena

Em 19 de julho de 1074, Rodrigo Diaz, de Vivar e Jimena Diaz assinam um documento chamado "carta de arras", cujo original está arquivado na catedral de Burgos. Neste documento Rodrigo ortoga um dote a favor da esposa Jimena. Neste mesmo documento consta a "profiliatio" mútua entre Rodrigo e Jimena, onde se estabelecem um herdeiro universal do outro e que deverão ser passados aos filhos que tiverem juntos.

Ascendência de Rodrigo Diaz, de Vivar

Para a indicação da ascendência, a numeração utilizada é a Ahnentafel, onde o número do pai é o dobro do número do filho, e o número da mãe é o número do pai mais um.

1. RODRIGO DÍAZ. 2. Diego Laínez 3.Teresa Rodríguez. 4. Laín Núñez. 5. ?? 6.Rodrigo Alvarez Tenente do Castelo de Luna e das comarcas de Mormojón, Moradillo, Cellorigo e Curiel. 7. Teresa Laínez de Rejas. 8. Nuño Laínez. 9. Eilo. 10.?? 11.?? 12. Álvaro Ordoñez 13.?? 14. Laín. 15.?? 16. Laín Fernández 17.?? 18. Fernando Rodríguez. 24. Ordoño Ordoñez 25. Anderquina 32. Fernando Laínez. 36. Rodrigo Bermúdez. 48. Ordoño Ramirez <<el Ciego>> de Leon 49.Cristina Vermudez de Leon 64.Laín Calvo Senhor de Castrojeriz e de Vivar

65.Thereza Nunes 72. Bermudo Laínez Senhor de Castrojeriz 96. REI RAMIRO III 9º REI DE LEÃO de 966 a 985 97. Sancha Gomez 98.BERMUDO II <<o Gotoso>> 10º REI DE LEÃO de 985 a 999 99.Velasquita de Leon

Ascendência de Jimena Diaz

Para a indicação da ascendência, a numeração utilizada é a Ahnentafel, onde o número do pai é o dobro do número do filho, e o número da mãe é o número do pai mais um.

1. JIMENA DÍAZ 2.Diego Rodriguez Conde de Oviedo 3.Cristina Fernández. 4. Rodrigo Afonso 5.Gônia. 6. Conde Fernando Gundemáriz 7.Jimena ou Ximena. 8. Alfonso Ordoñez 9.Justa. 12. Gundemaro Piniólez Governador das Asturias 13.Mumadonna 14. REI AFONSO V <<o Nobre>> 11o. REI DE LEÃO de 999 a 1028 15. Urraca de Navarra. 16. Ordoño Ramirez <<el Ciego>> de Leon 17.Cristina Vermudez de Leon. 24. Conde Piñolo Jimenez 25.Aldonça Nunes ou Munoz. 28. BERMUDO II

<<o Gotoso>> 10o. REI DE LEÃO de 985 a 999 29.Elvira Garcez de Castela 30. REI GARCIA I I SANCHEZ REI DE PAMPLONA de 994 a 1004 31. Jimena Rodriguez (ou Fernandez?). 32. REI RAMIRO III 9o. REI DE ei de Leão de 966 a 985 33. Sancha Gomez. 34. BERMUDO II <<o Gotoso>> 10o. REI DE LEÃO de 985 a 999 35. Velasquita de Leon. 48. Jimeno Jimenez 49. Aragãota Pinioliz. 50. Munio ou Nuno Rodriguez <<Canis>> 51. Enderquina Froilaz. 56. REI ORDONHO III <<o Mau>> 7o. REI DE LEÃO de 951 a 956 57. Elvira Pais de Deza. 58. Garcia I Fernandez Conde de Castela de 970 a 995 59. Ava de Ribagorza 60. SANCHO II GARCEZ "ABARCA" REI DE PAMPLONA de 970 a 994 61. Urraca Fernandez de Castela 62. conde Fernando Bermúdez de Cea 63.Elvira Dias de Saldaña

1075 - Juiz de litígio

Em março de 1075 o rei Alfonso VI demonstra confiança em Rodrigo Diaz, de Vivar, ao designá-lo como um dos juizes em um litígio entre o bispo de Oviedo e o conde Vela Ovéquiz.

1076 - Doação

Em 12 de maio de 1076, Rodrigo Diaz de Vivar doa ao monastério de San Sebastian de Silos e ao abade Fortun, a metade das vilas de Peñacoba e Fresnosa.

1079 - Batalha de Cabra

Em junho de 1079 o rei Alfonso VI mais uma vez demonstra confiança em Rodrigo Diaz, de Vivar, ao enviá-lo como embaixador para cobrar as "parias" (direitos de proteção) do al-Mutamid, rei de Sevilla e Cordoba. Quando estava frente ao rei al-Mutamid, este exige o direito de proteção contra o ataque do rei de Granada.

A Batalha de Cabra aconteceu na província de Córdoba onde El Cid, como mercenário, serviu ao Emir al-Mutamid da Taifa de Sevilha contra o Emir Abd Allah ibn Buluggin da Taifa Ziri de Granada.

Na batalha de Cabra, Rodrigo Diaz, de Vivar, vence e aprisiona, entre outros, à Garcia Ordonez, que ajudava ao rei de Granada. Como Garcia Ordonez era um dos preferidos do rei Alfonso VI, este passa a desconfiar de Rodrigo Diaz, de Vivar.

1080 - Concílio de Burgos

Em maio de 1080 foi celebrado em Burgos um concílio presidido pelo cardeal Ricardo, delegado pelo Papa Gregorio VII.

Neste concílio se aceitou o rito romano para todo o reino.

Um documento de 8 de maio de 1080 registra a participação, neste concílio, do rei Alfonso e da rainha Constanza, as irmãs do rei Urraca e Elvira, vários bispos e abades, vários condes entre eles os dois irmãos de dona

Jimena (esposa de Rodrigo Diaz, de Vivar) : o conde Rodrigo Díaz (homônimo de El Cid) e Fernando Díaz. Participaram também outros magnatas, entre eles Rodrigo Diaz, de Vivar.

1081 - Desterro

Em março de 1081 o rei Alfonso VI e al-Qadia partem para uma expedição contra Toledo mas Rodrigo Diaz, de Vivar, não os acompanha alegando estar enfermo, mas logo em seguida Rodrigo parte para defender terras contra o ataque de muçulmanos.

Em junho de 1081 o rei Alfonso VI condena Rodrigo Diaz, de Vivar, ao desterro. Rodrigo sai de Castela e vai para Barcelona oferecer seus serviços aos condes de Barcelona (Ramon Berenguer II e Berenguer Ramon II) mas não chegam a acordo.

Em setembro de 1081 Rodrigo Diaz, de Vivar, vai a Zaragoza oferecer seus serviços ao soberano muçulmano al-Muqtadir.

Por volta de dezembro de 1081 Rodrigo Diaz, de Vivar foi recebido por al-Muqtadir , que logo veio a falecer, mas o filho al-Mutamin, que assumiu o reino de Zaragoza mantém os serviços de Rodrigo, confiando-lhe a defesa e proteção do reino de Zaragoza, o que provocou a ira do conde de Barcelona Berenguer Ramón II e do rei de Aragão e Navarra Sancho Ramírez, que aliados com al-Fagit , rei de Lérida, esperavam ampliar suas fronteiras, contra al-Mutamin, irmão de al-Fagit.

1082 – Batalha de Almenar

Por volta de março de 1082 acontece a Batalha de Almenar onde al-Mutamin e Rodrigo Diaz, de Vivar, enfrentaram os muçulmanos de Lérida, estes ajudados pelo conde de

Barcelona Berenguer Ramon II. Acontece aqui a terceira luta de Rodrigo (a primeira foi com o cavaleiro navarro e a segunda com Garcia Ordonez). Nesta batalha de Almenar, um dos prisioneiros foi o próprio conde de Barcelona Berenguer Ramon II, enquanto seu irmão Ramon Berenguer II deve ter permanecido em Barcelona.

Em 05 de dezembro de 1082 ocorre a morte violenta de Ramon Berenguer II, o chamado "Cabeza de Estopa". Os autores do crime nunca foram descobertos, mas a historia tem atribuído o assassinato a seu irmão Berenguer Ramón, que foi vencido na batalha de Almenar, e que passou a ser chamado, pela historia, de "o Fraticida".

1083 - Reconciliação com o rei Alfonso VI

Em 06 de janeiro de 1083, o rei Alfonso VI sofre em Rueda, fortaleza próxima à Zaragoza, a traição de Albofalac que era responsável pela fortaleza e quase consegue colocar o rei Alfonso VI em uma emboscada. Durante a armadilha de Rueda, faleceu o infante Sancho Garcia, cujo filho Ramiro viria a se casar com Cristina, a filha mais velha de Rodrigo Diaz, de Vivar. Este Sancho Garcia acompanhava o irmão Ramiro na expedição enviada por Alfonso VI à Rueda. Este Sancho Garcia era filho ilegítimo do rei Garcia de Nájera e irmão do rei Sancho de Penalen.

No inicio de 1083 Rodrigo Diaz, de Vivar, volta a se reconciliar com o rei Alfonso VI mas não renova a vassalagem (o que só viria a ocorrer três anos mais tarde quando Rodrigo regressaria a Castela após a batalha de Al-Zallaka).

Em 1083/1084 Rodrigo continua prestando seus serviços profissionais ao rei de Zaragoza, al-Mutamin, que lhe ordenou entrar por terras do reino de Aragão, próximas à fortaleza de

Monzon, e posteriormente contra a fortaleza de Morella, pertencente ao reino taifa de Lérida.

1084 - Batalha de Morella

Em 14 de agosto de 1084 Rodrigo Diaz, de Vivar, vence a Sancho Ramirez, rei de Aragão, e a Al-Mundir al-Fagit, rei de Lérida.

É provável que foram os soldados muçulmanos de al-Mutamin, que serviam sob as ordens de Rodrigo Diaz de Vivar, os que começaram nestes anos (1081 a 1087) em que Rodrigo vivia em Zaragoza a chamar-lhe com admiração, com o sobrenome de Sidi , forma hispanica do árabe Sayyidi, com o significado de "meu senhor", vertido ao romance castelhano sob a forma de "Mío Cid", ou El Cid.

1085 - Morte do amigo

Em 25 de maio de 1085 o rei Alfonso VI conquista Toledo.

Em fins de 1085 ou inicio de 1086 morre o rei amigo de El Cid Rodrigo Diaz de Vivar, al-Mutamin , rei de Zaragoza, sendo sucedido pelo filho, Ahmad al-Mustain.

1086 - Vassalo do rei Alfonso VI

Em fevereiro de 1086, al-Qadir é entronizado em Valência.

Em junho de 1086, o rei Alfonso VI sitia Zaragoza.

Em 30 de junho de 1086 os primeiros almoravidas ocupam Algeciras e em 03 de julho de 1086 o próprio emir Yusuf desembarca.

Em 23 de outubro de 1086, o exército de Alfonso VI enfrentou o exercito almoravida, no campo de al-Zallaka, que os cristãos chamavam de Sagrajas. Os cristãos sofreram dura derrota e o próprio rei Alfonso VI saiu ferido.

Nos ultimos dias dezembro de 1086, Rodrigo Diaz, de Vivar, deixa o reino taifa de Zaragoza e regressa a Castela colocando seus homens à disposição do rei Alfonso VI. O encontro ocorreu em Toledo, onde Rodrigo Diaz, de Vivar, beijou as mãos do monarca, renovando o vinculo especial de vassalagem ao rei Alfonso VI.

1087 - Governador

No inicio de 1087, o rei Alfonso VI recoloca Rodrigo Diaz, de Vivar, entre a primeira dezena de magnatas de Castela, atribuindo-lhe o governo de três territórios na montanha de

Burgos (Iguña, Ibia e Campoo); mais dois territórios sobre o rio Duero (Langa e Dueñas) e mais dois territórios ao centro de Castela (Ordejón e Briviesca)

Em 21 de julho de 1087, encontram-se em Burgos, o rei Alfonso VI e Rodrigo Diaz, de Vivar. O rei Alfonso parte com seu exército a caminho de Andaluzia em uma operação de castigo contra as terras de al-Mutamid , e manda que Rodrigo fique para proteger as terras de Castela e que se dirigisse à fronteira de Aragão, se fosse necessário. A poucos dias da partida do rei, Rodrigo decidiu que sua presença em Zaragoza era necessária ou pelo menos conveniente aos interesses castelhanos. A posição de Rodrigo frente a al-Mustain, rei de Zaragoza e frente a al-Qadir, quanto à disputa por Valência , foi a seguinte: Valência é do rei Alfonso VI, e se agora está com al-Qadir é porque lhe foi dada pelo rei Alfonso VI por toda a vida; se o rei de Zaragoza quer Valência deve obte-la junto ao rei Alfonso VI, e quando isto ocorrer ele próprio Rodrigo ajudaria a ocupá-la. O rei de Zaragoza não teve outro remédio a não ser abandonar a intenção de tomar Valência. O rei Alfonso VI aprovava a conduta de Rodrigo e autorizou a permanência do exército de Rodrigo em Levante.

1088 - Declarado traidor

No inicio de 1088 Rodrigo Diaz de Vivar volta a Castela para poder combinar com o rei Alfonso VI a questão sobre Levante.

Depois de março de 1088, Rodrigo Diaz, de Vivar, parte novamente para Valência, e lá encontra o conde de Barcelona, Berenguer Ramon II, com todo seu exercito, assediando a cidade de Valência. Rodrigo prefere evitar a luta, pois Berenguer Ramon II e Alfonso VI eram aparentados (ambos eram descendentes do conde de Castela, Sancho Garcia. Uma filha de Sancho Garcia, de nome Muniadona, casada com Sancho de Navarra, teve por filho a Fernando I, pai de Alfonso VI. Outra filha de Sancho Garcia, chamada Sancha, casou com o conde de Barcelona Berenguer Ramon I, e tiveram a Ramon Berenguer I, pai de Berenguer Ramon II e de Ramon Berenguer II). Rodrigo envia emissário pedindo ao conde de Barcelona para levantar o assedio a Valência e abandonar as terras de al-Qadir. O conde Berenguer Ramon II, que conhecia a capacidade militar de Rodrigo Diaz de Vivar, toma então a decisão de partir em retirada, sem combater.

Por volta de junho de 1088, a segunda campanha de Rodrigo Diaz de Vivar em Levante fica evidente: seguindo um plano pré-concebido, pretendia submeter a tributo todo o território situado ao norte e ao oeste de Valência, que não se incluía dentro dos domínios dos reis das taifas de Zaragoza ou de Lérida-Tortosa.

Enquanto executava o plano, Rodrigo Diaz de Vivar é surpreendido com a informação de que o emir almoravida Yusuf ibn Texufin estava em Algeciras e partira para Aledo. O rei

Alfonso VI também toma conhecimento do desembarque de Yusuf e logo se inteira das intenções deste em convocar aos reis de taifas a unir-se em Aledo.

Por volta de setembro de 1088, o Rei Alfonso VI decide ir em socorro à fortaleza de Aledo que estava ameaçada e escreveu a Rodrigo Diaz de Vivar pedindo a ele que também preparasse seus homens para unir-se ao exército régio onde e quando lhe seria indicado. Aos emissários do rei, Rodrigo deu a seguinte resposta; "Venha o rei, meu senhor, como prometeu vir, porque eu estou disposto com bom ânimo e pronta vontade a socorrer a este castelo conforme suas ordens. E assim, quando lhe pareça melhor que me una a ele, rogo a sua majestade que se digne avisar-me de sua chegada". Para estar mais perto de Aledo, Rodrigo levanta seu acampamento de Requena e leva-o para Játiva, em um trajeto de 120 quilômetros. Um novo emissário do rei o alcança e informa que o monarca já se encontrava em Toledo com um grande exército.

Com estas notícias, Rodrigo decidiu avançar com sua tropa mais uns 25 quilômetros até Onteniente, ficando assim a uns 150 quilômetros de distância da fortaleza de Aledo. Rodrigo fica então em Onteniente aguardando noticias da chegada do rei. Novamente Alfonso VI envia emissário a Rodrigo Diaz de Vivar com ordens para que ele esperasse em Villena, já que , segundo mandou dizer-lhe, passaria certamente por este lugar .(O estranho aqui é que Villena fica mais de 70 quilômetros fora do caminho direto de Toledo a Aledo, passando por Chinchilla, Hellin e Cieza) . Rodrigo decidiu permanecer em Onteniente, mas enviou exploradores para Villena e para Chinchilla, para que lhe avisassem a aproximação do rei. Enquanto isso Rodrigo desce com sua tropa para Hellin e ao chegar lá fica surpreso e profundamente desgostoso em saber que o rei já havia passado por lá.

Era por volta de novembro de 1088 quando ocorre este desencontro de Rodrigo Diaz de Vivar com o rei Alfonso VI. Ao saber que o rei Alfonso VI com o exercito cristão se aproximava de Aledo, o emir Yusuf comanda a retirada sem combater com Alfonso VI. O rei

Alfonso VI retorna a Toledo e declara Rodrigo Diaz de Vivar um traidor, a maior injuria a um cavaleiro medieval, e manda que sejam confiscadas todas as propriedades e que seja aprisionada sua esposa dona Jimena e seus filhos.

Em dezembro de 1088 Rodrigo Diaz de Vivar ao ser surpreendido pelas noticias de ter sido declarado traidor, e muito seguro de sua inocência, se apressou a enviar um de seus cavaleiros para dar todas as explicações ao rei Alfonso VI. O rei não aceitou as explicações mas autorizou a libertação de dona Jimena e filhos. Rodrigo Diaz de Vivar decide escrever ao rei proclamando sua inocência sob juramento. O rei Alfonso VI não aceita as explicações, juramento, pedido de desculpas nem provas de inocência propostas por Rodrigo.

Em 25 de dezembro de 1088 Rodrigo Diaz de Vivar celebra o Natal em Elche.

1089 - Independente

Em janeiro de 1089 Rodrigo Diaz de Vivar decide não mais oferecer seus serviços profissionais a nenhum rei cristão ou muçulmano e passa a atuar independentemente. Para obter os fundos necessários para manter sua tropa, Rodrigo ataca Polop, fortaleza do reino muçulmano de Denia, onde al-Hayib, rei de Denia, Lérida e Tolosa, guardava grande tesouro. Com suficiente dinheiro, Rodrigo abandona Polop.

Em 01 de abril de 1089 Rodrigo Diaz de Vivar celebra a Páscoa em Ondara, nos arredores de Denia.

Por volta de abril de 1089 Rodrigo Diaz de Vivar acampa em terras de Valência.

Por volta de agosto de 1089 submete Valência a seu protetorado. Era então restaurado o protetorado castelhano sobre as terras de Valência mas não em nome do rei Alfonso VI e sim sob a autoridade única e proveito pessoal de Rodrigo Diaz de Vivar, o vassalo castelhano desterrado, como suposto traidor, por seu rei.

1090 - Batalha de Tévar

Por volta de março de 1090, Al-Mundir al-Hayib, rei taifa de Lérida, contrata o conde de Barcelona Berenguer Ramon II para uma intervenção armada contra Rodrigo.

Por volta de junho de 1090 Rodrigo Diaz de Vivar derrota Berenguer Ramon II na sua mais famosa batalha campal.

Em junho de 1090 o emir africano Yusuf ibn Texufin aparece pela terceira vez na Espanha, e desembarca em Algecira.

Em 08 de setembro de 1090 o emir Yusuf já se encontrava às portas de Granada. Depois de ocupar a cidade, deixou seu primo Sir ibn Abu Bakr como governador, e regressou à África.

1091 - Desencontros com o rei Alfonso VI

Em 13 de abril de 1091 Rodrigo Diaz de Vivar celebra a Páscoa em Yubayla (atual Puig).

Por volta de maio de 1091 Rodrigo Diaz de Vivar recebe cartas da rainha Constanza e de outros amigos que mantinha na corte do rei Alfonso VI, que lhe comunicava a decisão do rei Alfonso VI em montar uma expedição contra os muçulmanos que ficaram em Granada. Era a oportunidade de Rodrigo tentar uma reaproximação com o rei Alfonso. Rodrigo foi bem recebido pelo rei e juntos avançaram até as cercanias de Granada. Chegando lá cada um mandou montar suas tendas em locais diferentes, e o rei, movido pela inveja, criticou Rodrigo na frente dos demais, por ele ter colocado sua tenda à frente da dele. Quando regressavam de Granada novamente ocorre desencontros entre Rodrigo e o rei Alfonso VI. O rei decide prosseguir viagem para Toledo. Rodrigo decide ir para Valência.

Por volta de junho de 1091 os muçulmanos ocupam al-Andalus. Ante o pedido de socorro de al-Mutamid, o rei Alfonso VI enviou um exercito sob o comando de Alvar Fanez, que chegou até Almodovar del Rio, onde foi derrotado pelos muçulmanos. No castelo de Almodovar se havia refugiado a famosa moura Zayda, viuva do filho de al-Mutamid, o chamado al-Mamun ibn al-Mutamid, que havia caído defendendo Cordoba frente aos muçulmanos; Zayda logrou refugiar-se entre as forças cristãs. Acolhida por Alfonso VI e tendo recebido a fé cristã, se converteu em esposa deste, sob o nome de Isabel, de cujo enlace nasceu o infante Sancho, que morreria ainda moço na batalha de Uclés em 1108.

Por volta de setembro de 1091, Rodrigo Diaz de Vivar, para se proteger dos ataques almoravidas, decide montar seu quartel-general em Peña Cadiella, reforçando o castelo que lá havia.

Por volta de dezembro de 1091, Rodrigo Diaz de Vivar faz uma expedição a Morella.

Em 25 de dezembro de 1091 Rodrigo Diaz de Vivar celebra o Natal em Valência.

1092 - Reconhecimento

No inicio de 1092 o cristão Rodrigo Diaz de Vivar faz aliança tripartite com o rei muçulmano al-Mustain (de Zaragoza) e com o rei Sancho Ramirez (de Aragão), para se defenderem de possíveis ataques almoravidas.

Por volta de junho de 1092 Rodrigo Diaz de Vivar vê uma nova ameaça, agora vinda do rei Alfonso VI que por estar incomodado com o protetorado que Rodrigo estava construindo em Valência com total independência do monarca leones, e considerando que Valência pertencia à zona de influencia castelã, decide organizar uma expedição até Valência, para desalojar a Rodrigo, e impor seu protetorado castelão diretamente, eliminando o instaurado por seu antigo vassalo. Conforme a lei da época, um vassalo desterrado pelo seu rei, podia guerrear contra este. El Cid estava em seu perfeito direito para se opor com armas ao exercito que Alfonso VI levava consigo a Valência, mas Rodrigo, uma vez mais, renunciava a utilizar as armas contra seu rei, e não se moveu de Zaragoza nem acudiu a Valência com toda sua tropa. Se limitou a escrever ao rei Alfonso queixando-se dos danos que causavam a atitude do rei e fazendo votos para que logo descobrisse os maus conselhos que lhe davam os inimigos e contra os quais ele se reservava o direito de lutar. Enquanto o rei Alfonso VI lutava em terras Valêncianas, el Cid em Zaragoza reforçava sua tropa com cavaleiros e peões muçulmanos, colocados à sua disposição pelo rei muçulmano de Zaragoza, para levar à cabo a represália que havia anunciado contra seus inimigos de Castela, em particular contra o conde Garcia Ordonez, governador de Rioja.

Cerca de setembro de 1092, Rodrigo já estava de volta a Zaragoza e quando se podia esperar que o rei Alfonso VI estivesse ainda mais irado com Rodrigo por este ter feito terrível ataque e saque a toda a rica comarca de Rioja, a reação de Alfonso VI foi diametralmente oposta, reconhecendo o valor de Rodrigo, e oferecendo-lhe o perdão e a reconciliação definitiva, o que comportava a devolução de todos os bens que o rei lhe havia confiscado.

Em outubro de 1092 sabendo que os almoravidas tinham entrado em Valência, Rodrigo Diaz de Vivar partindo de Zaragoza em direção a Valência, apressa a marcha e chega a Yubayla. A presença de Rodrigo em Yubayla é suficiente para conter o avanço almoravida.

Em novembro de 1092, El Cid inicia a recuperação do território Valênciano.

1093 - Conquista de Yubayla

Em julho de 1093 El Cid conquista Yubayla e passa a assediar Valência. O emir Yusuf escreve carta a El Cid ordenando que o cristão abandonasse qualquer intenção de arrebatar do Islã a cidade de Valência.

Rodrigo respondeu a carta em termos burlescos.

Em agosto de 1093 os almoravidas abandonam Valência e El Cid chega a um acordo com a cidade.

Em setembro de 1093, para evitar que o senhor de Albarracin tentasse qualquer coisa contra Valência, El Cid faz uma expedição até as terras de Albarracin. Estando o Campeador nesta expedição, saíram de Santa Maria de Albarracin uns doze cavaleiros, que se depararam com El Cid acompanhado de um pequeno grupo. Rodrigo se lançou ao ataque causando a morte de dois daqueles cavaleiros muçulmanos, mas ele por sua vez ficou muito gravemente ferido de uma lançada na garganta, da qual pensaram que ia morrer. Os guerreiros de Albarracin também mataram a dois dos cavaleiros de El Cid.

Em inicio de dezembro de 1093 Rodrigo Diaz de Vivar regressa com sua tropa à Yubayla, e logo em seguida se inicia o segundo assedio a Valência.

1094 - Batalha de Cuarte

Em janeiro de 1094, os almoravidas evitam o choque com El Cid e se retiram de Almusafes.

Em 17 de junho de 1094 os Valêncianos pactuam sua rendição à El Cid, agora senhor do reino de Valência, magistrado chefe dos mulçumanos e também dos cristãos.

Em julho de 1094 El Cid manda prender e aceita, segundo a lei do alcorão, a sentença de morte ao ex-cadi e governador de Valência: Ibn Yahhaf.

Em agosto de 1094, Yusuf Ibn Texufin decide enviar suas forças contra El Cid. As tropas concentradas em Ceuta começaram a atravessar o estreito e desembarcar na Península.

Em 14 de outubro de 1094 os muçulmanos já acampados entre Cuarte e Mislata, celebraram o Ramadã.

Em 21 de outubro de 1094, Rodrigo Díaz de Vivar, enfrentou e venceu o Império Almorávida, a poucos quilômetros de Valência.

Em novembro de 1094, o rei Pedro I de Aragão estabelece com Rodrigo Diaz, de Vivar, um pacto de mutua ajuda contra qualquer inimigo.

1096 - Pedido de ajuda

Em 26 de novembro de 1096, o rei de Aragão, Pedro I, conquista Huesca.

Em dezembro de 1096, evidencia-se a ameaça almoravida sobre Valência. Emissários de El Cid solicitam a ajuda do rei de Aragão, que, devido ao pacto de mútua ajuda, promete que dentro de doze dias estaria com El Cid em Valência.

1097 – Batalha de Bairén. Morte de Diego, filho de El Cid, na batalha de Consuegra

Em janeiro de 1097, Rodrigo se alia a Pedro I de Aragão e derrota o exército de Muhammad ibn Tasusín, rei dos Almorávidas.

Em fevereiro de 1097, depois de descansar uns poucos dias em Valência, o exercito conjunto do rei Pedro I de Aragão e de Rodrigo Diaz de Vivar, faz expedição contra Montornés e recupera para o rei Pedro I o castelo rebelde.

Em 15 de agosto de 1097 acontece em Consuegra, o choque bélico entre o exercito almoravida sob comando de Muhammad ibn al-Hayy e o exercito cristão sob o comando do rei Alfonso VI. A batalha de Consuegra foi a segunda grande derrota pessoal de Alfonso VI frente aos almorávidas.

Em 15 de agosto de 1097, em Consuegra, morre Diego, o filho de El Cid.

No segundo semestre de 1097, depois da batalha de Consuegra, as forças do emir Yusuf alcançaram uma segunda vitória sobre os cavaleiros de Alfonso VI, vencendo em Cuenca ao cristão Alvar Fañez. Em seguida marcharam em direção a Alcira onde encontraram e quase exterminaram uma divisão do exercito de El Cid, o qual não estava presente.

Em fins de 1097 o emir Yusuf ibn Texufin regressava a Marrocos satisfeito com as suas três vitórias: Consuegra, Cuenca e Alcira. Embora de alcance limitado, estas vitórias serviram para restaurar seu prestigio que fora abalado pelas duas grandes derrotas para El Cid: em Cuarte e em Bairén.

1098 - Ultimos atos

Em fevereiro de 1098, Rodrigo Diaz de Vivar, conquista a fortaleza de Almenara.

Em 24 de junho de 1098, Rodrigo Diaz de Vivar, sitia a fortaleza de Murviedro.

Em julho de 1098, de regresso a Valência, Rodrigo manda construir na maior mesquita da cidade uma igreja em honra de Santa Maria Virgem.

Em 1098 Rodrigo Díaz deixa sua letra em um documento de doação à Catedral de Valência. O documento original está no arquivo da Catedral de Salamanca:

1099 – Morre El Cid

Em 10 de julho de 1099 morre Rodrigo Diaz, de Vivar, El Cid Campeador, em Valência, na Espanha.

A tradição lendária é que ele teria morrido em combate...

Diz a lenda que os mouros estavam celebrando pois tinham matado o El Cid quando, de repente, vêem, o próprio El Cid em cima do seu cavalo Babieca.

Os mouros assustados fogem, são perseguidos e derrotados pelo exército de Rodrigo.

O que tinha acontecido é que a mulher de El Cid mandou amarrar o corpo do marido morto ao cavalo e amarrou a espada na sua mão. Em seguida mandou Babieca desfilar no campo de batalha com El Cid morto.

Por isso reza a lenda que El Cid venceu uma batalha mesmo depois de morto.

Momento histórico depois de 1099

Em 21 de maio de 1101 Dona Jimena, viúva de Rodrigo Diaz de Vivar, faz importante doação para a catedral da cidade de Valência.

Em fins de agosto de 1101 os almoravidas avançam em direção a Valência.

Em março de 1102 o rei Alfonso VI recebe pedido de socorro e se põe em marcha rumo a Valência, que estava sitiada a sete meses pelos almoravidas..

Em abril de 1102 depois de lutar contra os almoravidas, o rei Alfonso VI decide abandonar a cidade de Valência e ordenar a retirada para Castela.

Em 05 de maio de 1102 Valência é ocupada pelos almoravidas. Com a saída dos cristãos de Valência, Dona Jimena e os soldados de El Cid tomaram consigo os restos mortais de Rodrigo Diaz e os conduziram ao monastério de San Pedro de Cardeña.

Em 29 de agosto de 1113 Dona Jimena, viúva de Rodrigo Diaz de Vivar, vende sua propriedade de Valdecañas.

Descendência de Rodrigo Diaz, de Vivar e Jimena Diaz.

Primeira Geração

1. EL CID CAMPEADOR, RODRIGO DÍAZ, DE VIVAR e Jimena Díaz, tiveram os seguintes filhos:

\+ 2 F i. Cristina Rodriguez de Vivar nascida por volta de 1080.

\+ 3 F ii. Maria Rodriguez nascida por volta de 1080 e falecida por volta de 1105.

4 M iii. Diego Rodriguez faleceu em 15 agosto 1097 na Batalha de Consuegra.

Segunda Geração

2. Cristina Rodriguez de Vivar casou-se por volta de 1100 com Ramiro Sanchez Infante de Navarra, Senhor de Monzón, filho de Sancho Garcez Senhor de Uncastillo e Constança de Marañón. Ramiro nasceu por volta de 1070 e faleceu em 1116.

Eles tiveram os seguintes filhos

\+ 5 M i. REI GARCIA IV Ramirez REI DE NAVARRA- El Restaurador (1134-1150) nascido por volta de 1110 e falecido em 1150.

6 F ii. Elvira.

3. Maria Rodriguez , casou-se antes de 1104 como Conde de Barcelona Ramon Berenguer III o Grande, filho de Conde de Barcelona Ramon Berenguer II Cabeza de Estopa e Matilde de Apúlia. Ramon nasceu em 11 novembro 1082.

Eles tiveram os seguintes filhos

7 F i. Maria Ramon.

8 F ii. Jimena.

Terceira Geração

5. REI GARCIA IV Ramirez REI DE NAVARRA- El Restaurador (1134-1150) casou-se em 1104 em primeiras núpcias com Margarida de L'Aigle ou de Perchais, filha de Gilberto de L'Aigle Conde de Perche e Juliana de Perche.. Margarida nasceu por volta de 1104 e faleceu em 25 maio 1141.

Eles tiveram os seguintes filhos

+ 9 F i. Branca infanta de Navarra nasceu por volta de 1135 e faleceu em 24 janeiro 1158.

10 M ii. Sancho VI de Navarra - El Sabio.

11 F iii. Margarida.

Margarida casou-se em 1146 com Guillermo Duque de Nápoles e Rei da Sicília em 1154 .

GARCIA casou-se em 19 de junho de 1144 , em segundas núpcias, com Urraca, filha de REI AFONSO VII o Imperador REI DE CASTELA, em 19 junho 1144.

Quarta Geração

9. Branca infanta de Navarra casou-se em 1151 em Calahorra, com REI SANCHO III, o Desejado REI DE CASTELA, filho de REI AFONSO VII o Imperador REI DE CASTELA e Berengária de Barcelona. SANCHO nasceu em 1135 e faleceu em 1158.

Eles tiveram os seguintes filhos

\+ 12 M i. REI AFONSO VIII REI DE CASTELA nascido em Soria em 22 setembro 1155 e falecido em Gutierrez Muñoz em 06 outubro 1214.

Quinta Geração

12. REI AFONSO VIII REI DE CASTELA casou-se em setembro de 1170 em Burgos, Castela, com Eleanor Plantageneta Princesa da Inglaterra, filha de REI HENRIQUE II , o Manto Curto PLANTAGENETA REI DA INGLATERRA de 1154 a 1189 e ELEANOR DE POITOU Duquesa da Aquitânia. Eleanor nasceu em 13 de

outubro de 1162 em Dromfront, Normandia e faleceu em 31 de outubro de 1214 em Burgos, Castela, Espanha.

Eles tiveram os seguintes filhos

13 F i. Urraca infanta de Castela nasceu em 1186 e faleceu em 03 de novembro de 1220 em Coimbra ou Lisboa. Urraca casou-se em 1206 com REI AFONSO II REI DE PORTUGAL, filho de

REI SANCHO I REI DE PORTUGAL e Dulce de Barcelona infanta de Aragão. AFONSO nasceu em 23 de abril de 1185 em Coimbra, Portugal e faleceu em 25 de março de 1223 em Coimbra, Portugal.

14 F ii. Berengária Infanta de Castela nasceu em 1181 e faleceu por volta de 1244 em Las Huelgas. Berengária casou-se em 1197 em Valladolid com REI AFONSO IX REI DE LEÃO E CASTELA, filho de REI FERNANDO II REI DE LEÃO e Urraca Infanta de Portugal. AFONSO nasceu em 1171 em Zamora e faleceu em 1230 em Villanueva de Sarria.

15 M iii. Enrique I (1214-1217).

16 F iv. Blanca.

Blanca casou-se com Luís IX.

17 F v. Leonor.

Leonor casou-se com Jaime I de Aragão.

Poema del Cid ou Cantar de Mío Cid

O Poema del Cid ou Cantar de Mío Cid é um poema épico, manuscrito em castelhano medieval, copiado no século XIV a partir de um texto antigo datado de 1207, e assinado por Per Abat (abade Pedro).

É composto de três partes:

Exílio: O desterrado não reclama do rei mas da nobreza invejosa. El Cid era infanção e lutava por ganhar privilégios junto ao rei. Envia notícias ao rei sobre suas conquistas, reconhecendo-se sempre vassalo.

Casamento das filhas: O rei de Castela permite que se leve a Valência a mulher e as filhas de El Cid, casando-as com os infantes de Carrión pois El Cid , embora fosse infanção, era temido pelos moros, era admirado pelos cristãos e era rico.

Ultraje das filhas: Os infantes de Carrión eram covardes, mais acostumados a intrigas na corte do que com guerras. Pedem a El Cid que os deixe abandonar a luta e voltar para junto de suas esposas. Ao encontrá-las as maltratam. El Cid pede justiça ao rey Alfonso. Os infantes de Carrión são declarados criminosos. Infantes de Aragão e Navarra solicitam em matrimonio as filhas de El Cid.

Tizona e Colada

El Cid usava uma espada ornamentada, a Tizona, que êle tomou de um inimigo. A composição química da espada era uma liga de aço contendo níquel, cobre e antimonio, bem como tungstênio e platina.

Comprimento de 102 cm, lâmina de 78,5 cm, largura de 4,5 cm, peso de 1,15 kg.

Segundo a lenda El Cid usava também uma outra espada, a Colada:

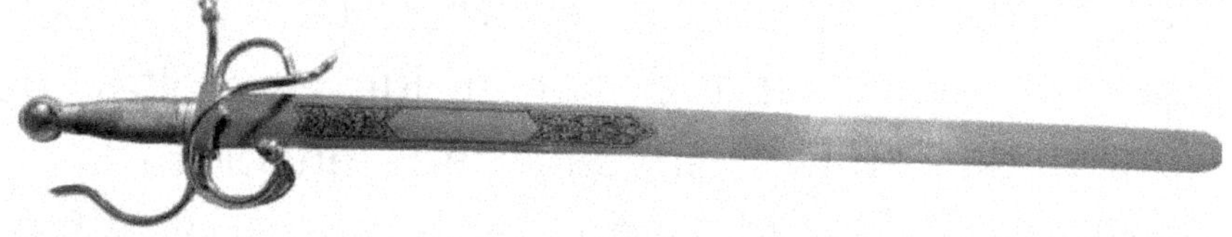

Babieca

Contam que Rodrigo , quando ainda era pequeno, ganhou um potro de seu padrinho de batismo, o padre Pedro.

Rodrigo escolheu um dos potros de seu padrinho e lhe deu o nome de Babieca.

Babieca significa babaca.

Por que Rodrigo deu o nome de babaca ao seu cavalo?

Porque seu padrinho o chamou de babaca por ter escolhido um dos piores potros. Rodrigo resolveu dar este nome ao cavalo e treiná-lo para demonstrar que nenhum dos dois era babaca.

Babieca era um cavalo de cor cinza, altura de 1,50m, resistente, rápido e valente.

Contam que Babieca teria "comandado" uma batalha com Rodrigo, morto no dia anterior, preso ao dorso de Babieca como se estivesse vivo. Na frente dos muçulmanos, Babieca desfilou orgulhoso como sempre, aterrorizando os atacantes, que se retiraram do campo de batalha.

Contam que Babieca morreu por volta dos quarenta anos.

A Tumba de Babieca está no Mosteiro de San Pedro de Cardeña, em Burgos.

Uma curiosidade é que Miguel de Cervantes, em seu livro de ficção intitulado Dom Quixote, diz que o cavalo Rocinante era bisneto de Babieca, o cavalo de El Cid.

O juramento de Santa Gadea

Segundo a lenda, El Cid ordenou em 1072 que o rei Alfonso VI prestasse juramento público, na Igreja de Santa Gadea em Burgos, de que não tinha participado no assassinato de seu irmão, o rei Sancho II.

Pintura intitulada La jura de Santa Gadea, feita por Armando Menocal em 1887.

O solar de El Cid

Localizado no número 95 da calle Fernán González, em Burgos, na Espanha, está o solar de El Cid, construído em 1784 por José Cortés, que, embora sem evidências históricas, se conta que marca o local onde foi a casa de El Cid.

No local se encontra uma placa que diz que El Cid nasceu em 1026!!!

EN ESTE SITIO TUBO SU CASA Y NACIO EL AÑO DE 10
26 RODRIGO DIAZ DE BIVAR LLAMADO EL CID CAM
PEADOR MURIO EN VALENCIA EL DE 1099 Y FUE TRASLA
DADO SU CUERPO A EL MONASTERIO DE SN PEDRO
DE CARDEÑA CERCA DE ESTA CIUDAD.
LA QUE PARA PERPETUAR LA MEMORIA DE TAN ESCLARECI
DO SOLAR DE UN HIJO SUIO Y HEROE BURGALES ERIGIO SO
BRE LAS ANTIGUAS RUINAS ESTE MONUMENTO EL
AÑO DE 1784.
REYNANDO CARLOS III

Seis tumbas

Tumba no monastério de Cardeña

Contam-se seis tumbas de El Cid: Catedral de Valência; Monastério de Cardeña; Mausoleo del Paseo del Espolón; Castillo Hohenzollen; Casa Consistorial de Burgos; Catedral de Burgos.

Primeiro foi enterrado na Catedral de Valência, mas devido à ocupação árabe, seus restos foram levados por Alfonso VI e Jimena para o Monastério de San Pedro de Cardeña.

Durante a ocupação francesa, o barão francês Paul Thiébault, ordenou levar os ossos de El Cid para um monumento em el Paseo del Espolón de Burgos, às margens do rio Arlanzón. Durante o traslado, parte dos restos mortais de El Cid e de sua esposa, foram roubados e mais tardes entregues ao príncipe de Hohenzollern que os guardou no castelo de Sigmaringen.

Depois alguns dos restos foram trasladados para a capela da Casa Consistorial de Burgos.

Em 1882, a casa Hohenzollen entregou os ossos que tinham em sua coleção.

Finalmente, em 1921, os ossos de El Cid foram colocados junto aos de sua esposa Jimena no cruzeiro da Catedral de Burgos.

Tumba na catedral de Burgos

Estátuas

Estátua criada em 1927 por Anna Hyatt Huntington.

Estátua criada em 1955 por Juan Cristóbal Gonzalez Quesada.

Selos

Selo da Espanha- de cor marrom - valor de face 5 cts - com El Cid a cavalo - emitido em 14/06/1939 - perfuração 10 ½ x 11

EL CID

Selo da Espanha - de cor violeta - valor de face 5 cts - com a imagem do cavaleiro El Cid - emitido em 21/02/1949 - perfuração 10 ¼ x 9 ¾ .

Selo da Espanha - de cor verde - valor de face 1 pta - com o busto de El Cid - emitido em 30/07/1962 - perfuração 13 x 12 ¾

Selo da Espanha - de cor marrom - valor de face 2 ptas - com o estátua de El Cid - emitido em 30/07/1962 - perfuração 13 x 12 ¾

Selo da Espanha - de cor azul - valor de face 3 ptas - com o cofre de El Cid - emitido em 30/07/1962 - perfuração 13 x 12 ¾

Selo da Espanha - de cor verde - valor de face 10 ptas - com o juramento em Santa Gadea - emitido em 30/07/1962 - perfuração 12 ½ x 12 ¾

Selo da Espanha - multicolorido - valor de face 20 ptas - com o tumulo de El Cid e Jimena - emitido em

28/10/1977 -perfuração 13 ¼

Selo de Monaco- cor vermelha- valor de face 4,00 – homenagem ao 350º aniversario da 1ª exibição de Le Cid – emitido 28/10/1986 - perfuração 13 x 12¾

Selo da Espanha - multicolorido - valor de face 35 ptas - busto de El Cid – emitido 16/07/1999 - perfuração 14 x 13 ¾

Selo da Guyana – multicolorido – com o busto de El Cid – emitido em 13/12/1999 - perfuração 12 ½

Selo da Espanha - de cor laranja – valor de face 0,30 Euros – em comemoração ao Cantar de Mio Cid – emitido em 09/05/2007 - perfuração 13 ¼ x 13

Sobre o autor

Décio Martins de Medeiros, graduado em Engenharia de Eletrônica pelo ITA em 1975. Engenheiro de Eletrônica na NEC do Brasil de 1976 a 1977. Engenheiro de Vendas a Diretor Presidente na HP/Agilent de 1977 a 2009. Consultor de Gestão e Vendas de 2009 a 2019. A partir de 2020 autor de livros de poesias, teologia, religião, gestão, vendas, genealogia, memórias, humor, e outros temas.
Participa do blog Prazer Compartilhar e do Clube de Autores.

Conheça as capas e sinopses dos livros do autor em: https://sites.google.com/view/autordeciomartinsdemedeiros/

www.ingramcontent.com/pod-product-compliance
Lightning Source LLC
LaVergne TN
LVHW010502160826
845677LV00012B/2604

* 9 7 9 8 2 3 0 3 7 4 9 4 7 *